WOLF-RÜDIGER MARUNDE
MARUNDES LANDLEBEN ZWEI

ZINNOBER VERLAG

CIP-Kurztitelaufnahme der Deutschen Bibliothek

Marunde, Wolf-Rüdiger:
(Landleben) Marundes Landleben Zwei /
Wolf-Rüdiger Marunde.-
Hamburg: Zinnober Verlag, 1989
ISBN 3-89315-021-8

Copyright © 1989 Zinnober Verlag, Hamburg
Gesamtgestaltung: Buchholz/Hinsch/Hensinger
Satzherstellung: Baumaetz, Hamburg
Lithographische Arbeiten: RDS, Hamburg
Druck- und Bindearbeiten:
Mainpresse Richterdruck, Würzburg
Printed in Germany

DIE WAHRHEIT ÜBER DAS HARTE LEBEN DER SPECHTE!

KLOPF KLOPF!

HEREIN!

?

KLOPF KLOPF!

12 UHR 30! MITTAGSRUHE!

KLOPF KLOPF!

KRACKS!

DEN SCHADEN WERDEN SIE MIR ERSETZEN!

NEIIIN!

Das erste Buch des Landlebens
in Farbe und Schwarzweiß

Wolf-Rüdiger Marunde

MARUNDES LANDLEBEN

»Die tierischen Dialoge verleihen den Bildern eine Art
hintergründiger Verzweiflung, die den Leser unweigerlich zum Lachen bringt« (dpa)

80 Seiten, durchgehend illustriert, davon 40 Farbseiten, laminierter Pappband

Zinnober Verlag